潜能激发！

小学生脑力大挑战

疯狂数学

主编◎马丽婷

河北出版传媒集团
河北人民出版社
石家庄

图书在版编目（ＣＩＰ）数据

潜能激发　小学生脑力大挑战．疯狂数学／马丽婷
主编．－－石家庄：河北人民出版社，2018.11（2023.3重印）
　ISBN 978-7-202-13615-7

　Ⅰ．①潜… Ⅱ．①马… Ⅲ．①智力游戏－少儿读物
Ⅳ．① G898.2
　中国版本图书馆 CIP 数据核字（2018）第 257779 号

书　　　名　潜能激发　小学生脑力大挑战·疯狂数学
　　　　　　QIANNENG JIFA XIAOXUESHENG NAOLI DATIAOZHAN
　　　　　　FENGKUANG SHUXUE
主　　编　马丽婷

责任编辑　王云弟　　刘大伟　　王　珏
美术编辑　于艳红

出版发行　河北人民出版社（石家庄市友谊北大街 330 号）
印　　刷　石家庄市雅新印刷有限公司
开　　本　787 毫米 ×1092 毫米　　　1/16
印　　张　7
字　　数　50 000
版　　次　2018 年 11 月第 1 版　　2023 年 3 月第 2 次印刷
书　　号　ISBN 978-7-202-13615-7
定　　价　25.00 元

前 言

欢迎来到脑力大挑战的世界！这是一套超有趣的书，其中包含各种谜题，如文字谜题、数字谜题、视觉谜题等，这些智力谜题能够强化你的动脑能力，还能训练你的逻辑思维能力。

书中的智力游戏，不需要你有专业知识，只需运用你日常所学的数学计算方法和字母知识即可解答。而且，所有的题目并不是随着内容逐渐增大难度的，而是将简单的和难的随机交织在一起，所以如果碰到一道题解答不出来的时候，不要沮丧，去做下一道题就好了。

所有答案都能在书的最后找到，但建议不在万不得已的情况下，最好不要着急去翻看答案。

《潜能激发 小学生脑力大挑战》绝对是一套刺激且具有挑战性的书，而且可以帮助你在解答的过程中提高智力水平、训练逻辑思维。

现在开始享受它带来的乐趣吧！

你想训练大脑吗？

认识一下门萨俱乐部

　　如果你觉得这本书十分有趣，想接受更多的脑力挑战，可以加入门萨俱乐部——一个高智商人群俱乐部！门萨俱乐部在全世界100多个国家和地区，拥有超过10万名会员。在门萨俱乐部，你可以找到与你一样热爱脑力活动的朋友，一起玩遍各种智力游戏，一起学习新的知识，一起成长并且收获友谊。

门萨俱乐部的宗旨是：

· 为会员提供具有启发性的学术氛围和社会环境。
· 发现高智商人才，开发人类智力并造福人类。
· 支持关于智力本质、特点及其运用的研究。

大脑的作用

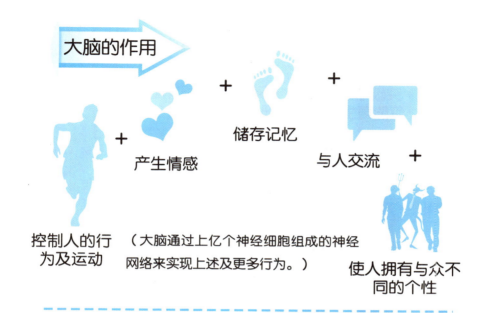

+ 产生情感

储存记忆

与人交流 +

控制人的行为及运动

（大脑通过上亿个神经细胞组成的神经网络来实现上述及更多行为。）

使人拥有与众不同的个性

大脑的结构

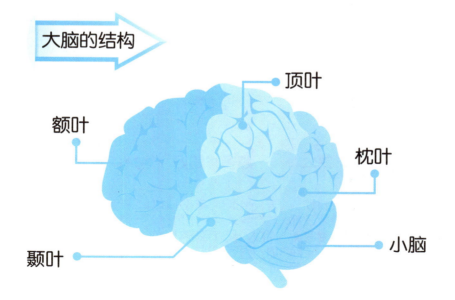

顶叶

额叶

枕叶

颞叶

小脑

为什么挑战大脑

突破性研究表明，不论是钻研、创造还是玩耍，越用脑，越能再生出新的脑细胞。

→ 爱上智力游戏　　　　→ 爱上你的大脑

为什么选择本书

①
要么使用，要么失去

②
越多样越好

③
尽量具体

由于神经具有可塑性，大脑在任何年龄阶段都可以生成新的细胞和新的连接（大脑病变除外）。因此，任何时候都不要找借口停止健脑活动！

若长期锻炼某部分肌肉就会导致身材不匀称。同理，只有经常对大脑的不同区域进行刺激，才能让脑部神经保持活力！

要是小到连一串钥匙都找不到，就更别想在偌大的停车场里找到车了。如果想开发特定的大脑区域，就从最具体的小事做起吧！

第1题

下图"？"处的字母是什么？是 K、N 还是 I 呢？

A	C	B
D	F	E
G	?	H

方块中的数字和字母是有关联的，想一下"？"处应该填写什么数字呢？如果你在头脑中将字母表排成一个圆，可以帮助你解题哟！

A	5	G
?		7
T	4	O

第3题

车轮中每个扇形部分的数字都是按照某种顺序排列的，想一想"？"处应该填写什么数字呢？

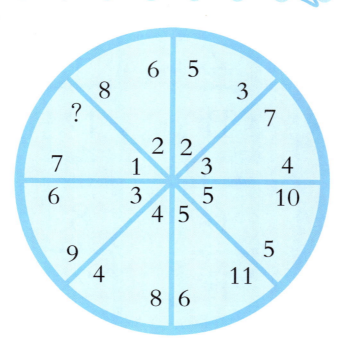

下图盒子上的"？"处应该填写什么字母呢？

2	4
B	D
6	8
F	?

第5题

如图 1 所示，每一行、每一列若有 3 个数，则相加后得数都相同。请你试着在图 2 的方框里填上合适的数字吧！

	1	8	18
3	14	10	
	12	9	6

图1

14	4	12	
	7		13
3		8	

图2

潜能激发
小学生
脑力大挑战

第6题

沿着箭头的方向走，找出最长的路径。数一数，这条路径共经过多少个方块？

第7题

每块蛋糕上都有一个数字。从这些数字中选择四个，使它们相加之和等于12，会有多少种选择呢？每个数字可以多次选择，但相同数字按照不同顺序出现则不算。

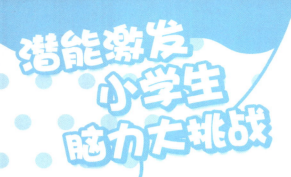

潜能激发
小学生
脑力大挑战

第8题

你知道三角形 D 底部的"？"处
应该填写什么数字吗？

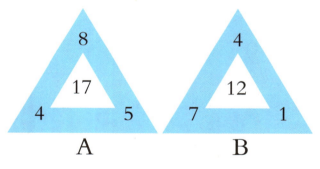

第9题

找出正方形中字母和数字之间的关系，在"？"处填上相应的数字。

3	C		A	18
P				R
B				E
2	N		T	?

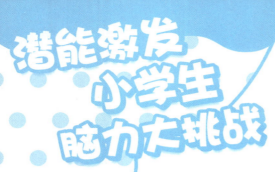

观察下列数字组合。"？"处应该
填写什么数字？

9

3　3　3

2　2　1　2　2

1　2　1　1　1　2　？

仔细观察，你就能看出图中数字为什么要像现在这样写了。"？"处应填写什么数字呢？

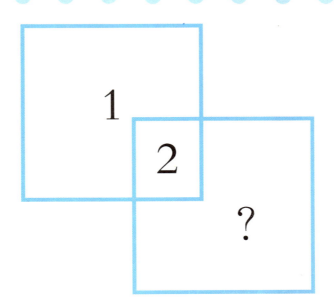

从最小的奇数开始，将所有的奇数用线连在一起，会出现一个物体。它是什么呢？

6
17　1　　3
5
15
11
13
7
2
9

第13题

在"？"处填入一个大于1的数字。如果这个数字是正确的，其他六个数字都能被这个数字整除，并且没有余数。这个数字是多少呢？

2	6	10

?

4	8	12

仔细观察这些图形，将他们重新组合之后，可以得到什么数字呢？

你知道三角形 D 底部的"？"处应该填写什么数字吗？

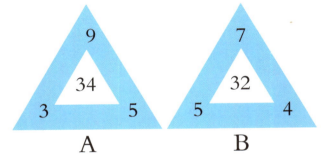

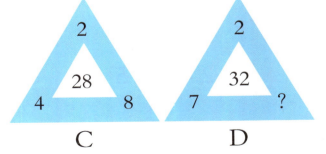

第16题

下图中“？”处应该填写什么数字呢?

	3	
2	12	1
	5	

	6	
2	14	3
	5	

	4	
2	16	5
	3	

	1	
8	?	1
	2	

第17题

这个菱形中"？"处的数学运算符号不见了。从顶部顺时针向下计算，"？"处应填入的运算符号分别是什么呢？

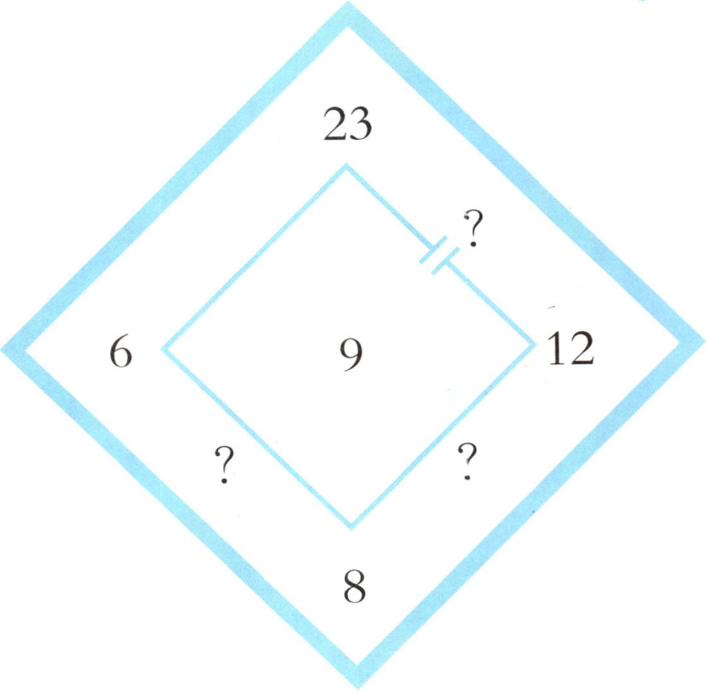

23

?

6   9   12

?   ?

8

下列正方形中的图案是遵循一定规律的，但有一个正方形除外。你知道是哪一个吗？

A

B

C

D

第19题

　　将空着的盒子填写完整。使得每一行、每一列和每一条对角线上的数字相加之和都为 5，"？"处应填的数字是多少呢？

1	2	1	0	
1	1	1		1
0	1	?		2
1	0	1		1

这个正方形中的每种图案都代表一个数值，部分行和列的图案总数标记在相应行和列的旁边。"？"处应填的数字是多少呢？

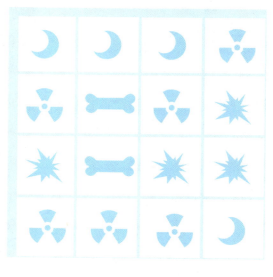

疯狂数学

第21题

这个序列中的"？"处应该是什么数字呢？

2
5
9
14
20
27
？

潜能激发
小学生
脑力大挑战

第22题

下面这个圆中，哪个数字比较特殊呢？

	27	
3		12
	6	
9		30
	14	

第23题

下列四个圆中，哪个圆比较特殊呢？

A   B

C   D

每个图案都代表一个数字，每行图案之和都写在这一行的右侧，"？"处应填些什么数字呢？

8

20

4

？

从左下角的 1 向上或向右移动到右上角的 1，经过九个数字，将这九个数字相加，得数最高的数字是什么呢？

1	1	2	1	1
1	2	2	1	2
1	1	1	1	1
1	1	1	2	1
1	1	1	1	2

图中"？"处应填写哪个数字呢？

9
1

8
2

6
4

7
?

第27题

在下图"？"处填上哪个字母能让
这张图完整呢？

O	Q	L	H	R
I	J	F	E	Q
F	G	F	C	?

潜能激发 小学生脑力大挑战

第28题

按照图中的规律，“？”处应该填什么数字？

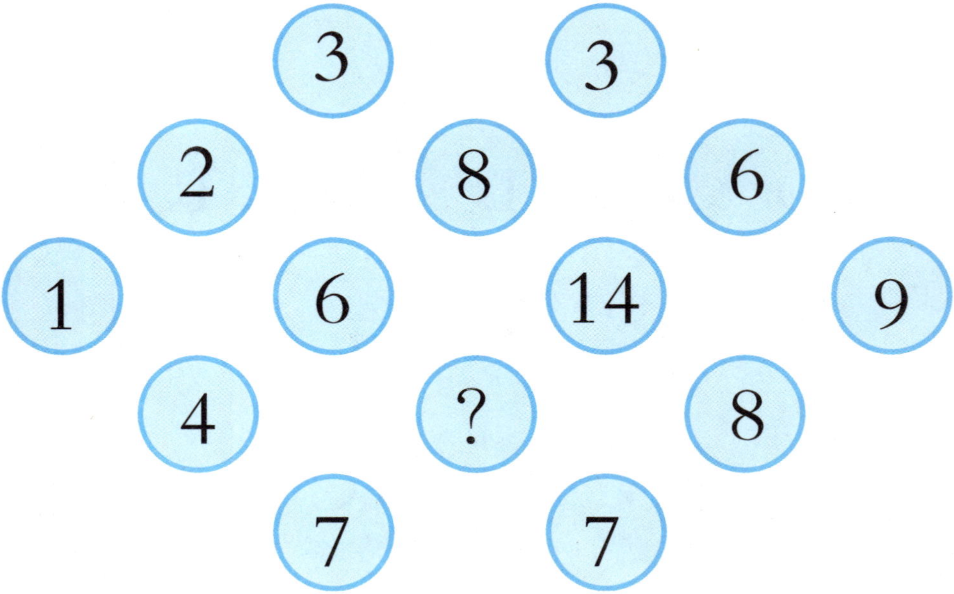
3
3
2
8
6
1
6
14
9
4
?
8
7
7

第29题

下图中"？"处应该填写哪个字母呢？

观察下图中的数字，你知道"？"处的数字是什么吗？

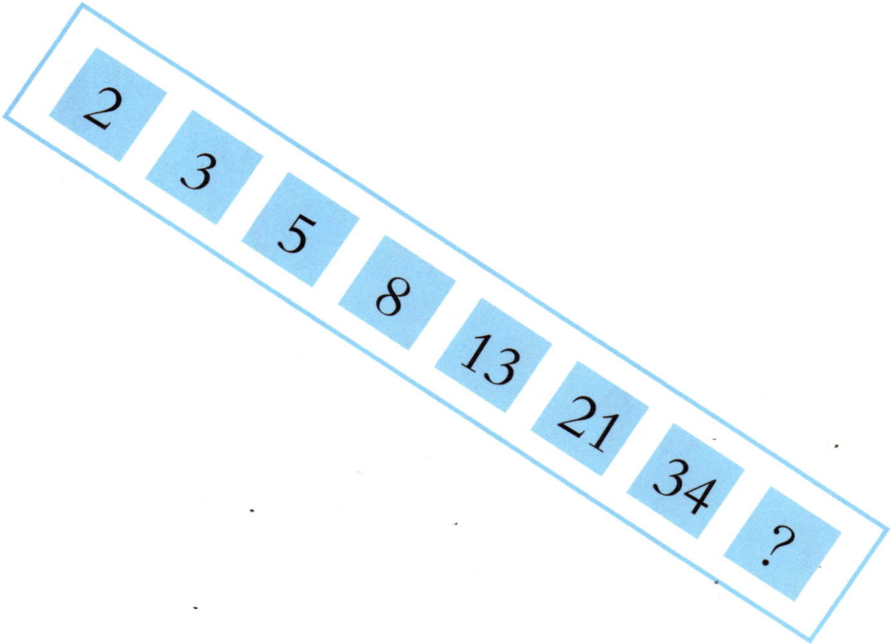

2 3 5 8 13 21 34 ？

第31题

图中的"？"处应该填写哪个数字呢？

```
    ?       3
21              6

18              9
    15      12
```

下面展开的图能被折叠成哪个正方体呢?

A

B

C

D

E

第33题

下图中"？"处应该填写哪个数字呢？

1
8

2
7

3
6

4
？

图中每个扇形部分的数字分布都遵循着一定的规律。"？"处应填写哪个数字呢？

疯狂数学

观察下列三角形中的数字之间的规律，"？"处的数字是什么呢？

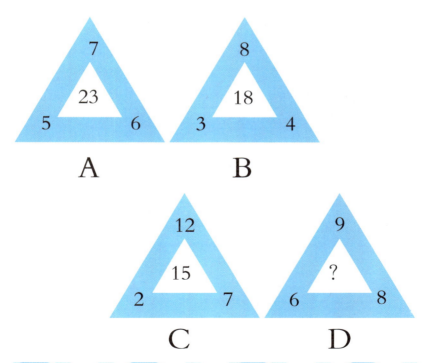

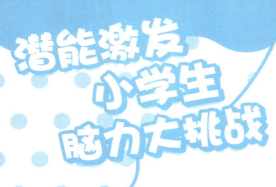

下面盒子中的"？"处应该填写什么字母呢？

3		5
C		E

7		9
G		?

疯狂数学

第37题

D 列中的数字和 A、B、C 列中的数字存在一定联系。你知道 " ？ " 处应该填写什么数字吗？

A	B	C	D
1	1	1	3
1	2	1	4
2	2	3	7
3	1	2	?

A B C D

这个车轮的"？"处应该填写什么数字呢？

第39题

下图中"？"处的字母是什么？是 K、U 还是 J 呢？

M	0	N
P	R	Q
S	?	T

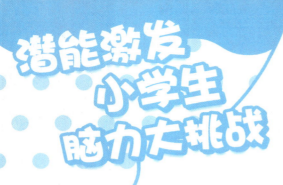

找出下方正方形中字母和数字之间的关系，在"？"处填上相应的数字。

?	H		C	5
E				Z
M				S
10	A		K	7

第41题

这些圆圈中的数字是按照某个特殊的规律排列的，你知道这个特殊的规律是什么吗？"？"处的数字又是什么呢？

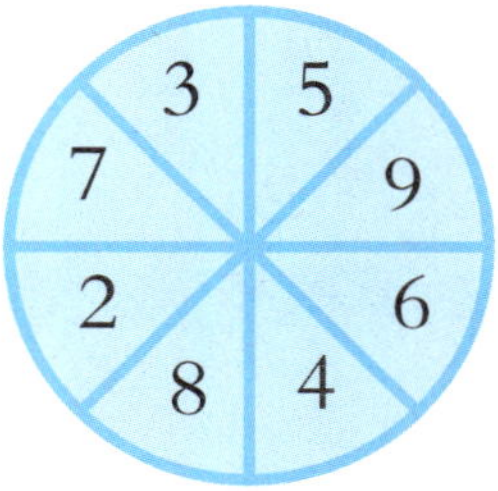

3 5
7   9
2   6
8 4

A

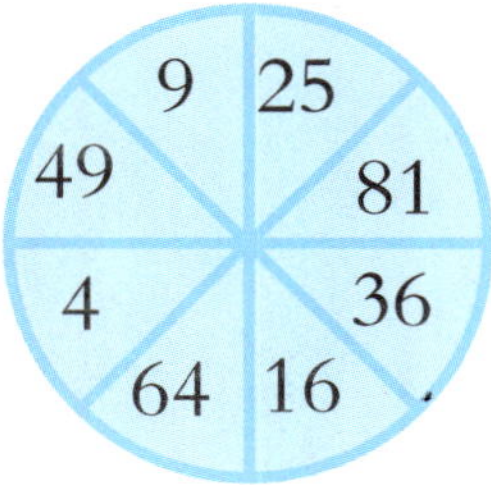

9 25
49   81
4   36
64 16 .

B

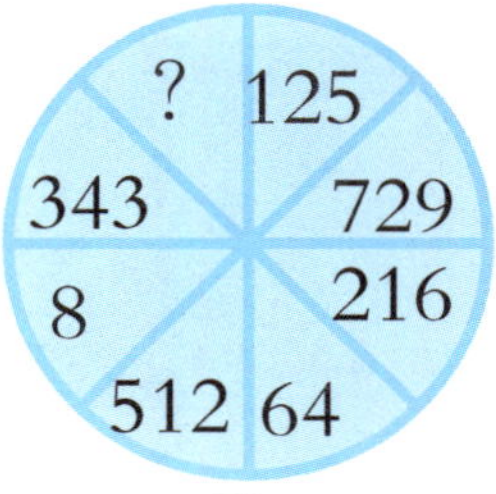

? 125
343   729
8   216
512 64

C

潜能激发
小学生
脑力大挑战

第42题

下面的牌子上是一个数字。这个数字是什么呢？

第43题

疯狂数学

不计大小，下面的图形中有多少个正方形呢？

你能用"+"或者"–"替换"？"，
使下面两个图形中的运算得到相同的数
值吗？试试看。

9
？ ？
7 1

20 3
？ ？
2

第45题

试一下你最快能用多长时间解开这个数字连环谜题，从最左边开始，依次完成每个格子中的运算，最终的结果是多少呢？

| 12 | ÷6 | +20 | ÷2 | +3 | ÷2 | ? |

你能在不用笔画的前提下，找出一条顺利通过这个迷宫的路吗？从上面的缺口进入，从下面的缺口走出。

入口 ⬇

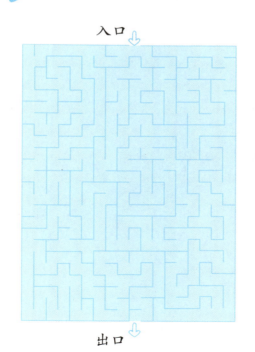

出口 ⬇

第47题

下图中有一个数字出现了三次，其他所有数字都只出现了两次，请找出这个出现了三次的数字。

17　　31

　55　　　22　34

　　　28

13　　34　　　19

　19　　　15

　　　　　51

17　36　　51　24

　　　　　28

11　　55　　22

　　　　　53

13　36　15

　　　　24

31　　53　28

　11

用数字 1～8 填写下面 8×8 的数独题，使每一行、每一列以及每个粗线所组成的区域里都没有重复的数字。

	5					1	
3	4					6	8
		3	6	1	4		
		4			7		
		8			1		
		1	3	4	5		
4	6					5	1
	3					4	

疯狂数学

根据下面字母的规律，"？"处应填写哪个字母？

B E H K N Q ?

用所给数字中的两个或两个以上的
数字相加，得到下面方格内的数字。每
次相加时每个数字只能使用一次哟！

14

17

47

31

18

9

60

33

11

15

| 31 | 33 | 47 | 60 |

第51题

用字母 A ～ F 填写下面的表格使之完整，要求每一行、每一列上都不出现重复的字母。相同的字母不能相邻，包括对角线上。

A	E				
		F			D
C			E		
				F	A

根据箭头指示的方向，每个数字通过方框中的运算会转换成它对面的数字。先做乘法，然后做加法。两个"？"处分别应该填写什么数字呢？

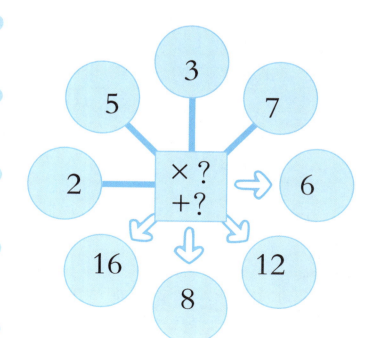

疯狂数学

第53题

根据图中数字的规律，"？"处应该填写哪个数字？

384	192	96	48	24	12	6	?

你能从圆形靶子的三个环里各挑选一个数字，使它们相加等于下面方框中的各个数字吗？例如，从最里面的环中选4，中间的环中选6，外面的环选6来组成16。

疯狂数学

第55题

在空格中挖出隐藏的地雷，表格中的数字表示这个格子周围的地雷数量，包括和它相邻以及对角上的格子。标记数字的格子中并没有地雷，有地雷的格子用"×"标记。

2		2			0
	3		3	3	1
3		4			1
2				3	
	4		3		1
		1		1	1

不同的图形重量各不相同。观察这三个天平，哪种图形是最重的？哪种是最轻的？

第57题

数一数下图中共有多少个立方体？不要忽略了那些藏在背面、被其他立方体遮挡住的部分哟！

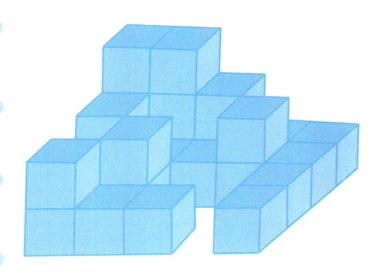

下面五个图形中，哪个比较特殊？为什么？

1

2

3

4

5

第59题

一整副扑克牌，去掉大、小王，共有 52 张牌。从中随便抽出一张牌，抽到"A"的概率有多大？

根据箭头指示的方向，每个数字通过方框中的运算会转换成箭头指向的数字。先做乘法，然后做减法。中间方框内的"？"处分别应该填写什么数字？

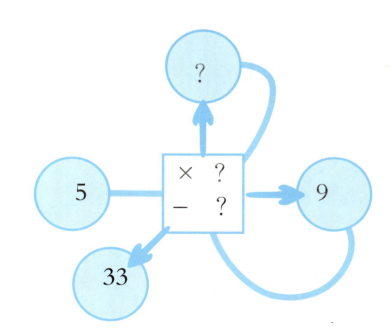

第61题

下图中有几对盒子里装的形状组合是完全一样的呢？

A B C D

1

2

3

4

61

将字母 A ～ F 填入方框内，使每一行、每一列、每个粗线组成的区域内 A ～ F 这 6 个字母分别只出现一次。

	E				
C		B			
B		A			
			A		B
			F		C
				C	

疯狂数学

第63题

在一个 2×3 排列的瓷砖组合上印有一个完整的符号，现在把这几片瓷砖分开，按下图排列。你能看出这个符号是什么吗？

请你沿着小正方形的边缘把下图分成四个形状相同的图形，你可以通过旋转使它们变成相同的图形，但是不能翻转。注意，这四个图形相互间不可以重叠。

第65题

用下列所给数字中的两个或两个以上的数字相加，得到下面方格内的数字。每次相加时每个数字只能使用一次哟！

31

37

11

8

12

21

36

40	50	70	120

用 30 秒的时间记忆下面的图形，然后将其遮住。拿出一张纸，根据你的记忆，按照顺序尽可能多的画出这些图形，你能画对几个图形呢？

第67题

将数字 1～6 填入方格内，使每一行、每一列、每个粗线组成的区域内 1～6 分别只出现一次，相邻两格间标记 "∨" 的两数之和为 5，标记 "×" 的两数之和为 10。

以下图形中，有一些不能折叠成正四面体。在不裁剪的前提下，你能找出不能折成正四面体的是哪些图形吗？

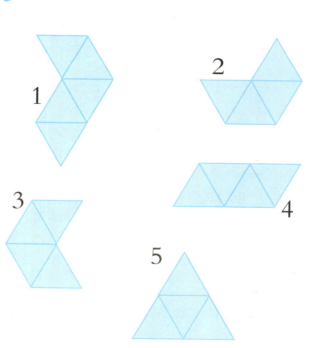

1

2

3

4

5

疯狂数学

第69题

只允许移动3根火柴，让下图的小鱼游向相反的方向。火柴被移动后的这条小鱼要保持形状不变哟！

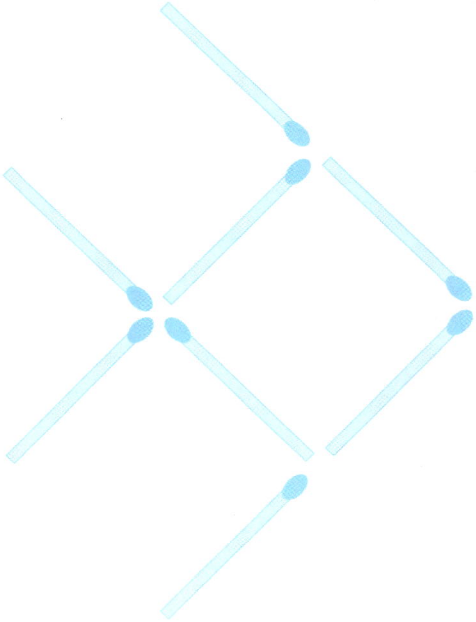

下图中"？"处应该填写什么字母呢？提示：想一下比赛中的获胜者。

F　S　T　F　F　S　S　E　？

第71题

如果心形重量是 3kg，根据下图，你能算出正方形和圆形的重量分别是多少吗？

你能从下图中找出多少个长方形和正方形？有些是很难被发现的哟！

疯狂数学

第73题

在字母表中 A～Z 中，有一个字母在下方出现了 3 次，其他所有字母都只出现了 2 次，请找出这个出现了 3 次的字母。

V R Y H V C
C B E I X
U I Q S
A P R P J
W Z L N
D K E O F
M G H E K B
A
U Y X F D Z
S N T
L T J G
Q W M P T O

用 30 秒的时间记忆下面的数字，然后将其遮住。拿出一张纸，根据你的记忆，按照顺序尽可能多的写出这些数字，你能写对几个数字呢？

99 91 55 53 37 81 35 38 19

第75题

金字塔的每块砖上都有一个数字，每个数字都是由下面一行与之相邻的两块砖上的数字相加而得到的。根据这个规律，你能算出金字塔塔顶上加粗的"？"处的数字吗？

```
            ?
         ?     ?
      ?     3     ?
   4     1     ?     3
```

潜能激发
小学生
脑力大挑战

第76题

在空格内填上"×"或"○"，使每一行、每一列、每一条对角线上连续的"×"或"○"的数量都不超过三个。

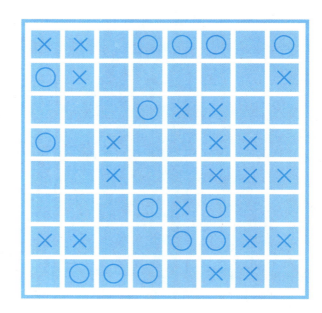

疯狂数学

第77题

排列下面两组数字和运算符号，使所得结果与下方给出的结果的数值相等。例如，A组中，如果给出的结果的数值是 15，可以用 3×4+9−6 来得到。

A | 3 | 4 | 6 | 9 | + | − | × |

结果=68

B | 3 | 3 | 5 | 6 | + | ÷ | × |

结果=3

77

潜能激发
小学生
脑力大挑战
第78题

把下图中 9 的倍数的点按从小到大的顺序连起来，你能看出它是什么形状吗？

63　92
16　28　　　　64
　　　　　　72
39　　　　53
　　75
45　　　49
42
　　66
17　　　　57
15　　61
　　　　　　81
36　24　　8
　21
12　　27　　4

疯狂数学

第79题

把图 A ～ C 按照与之对应的箭头旋转（将图 A 顺时针旋转 90°，图 B 旋转 180°，图 C 逆时针旋转 90°），在 1 ～ 3 中找出与之相符的图案。

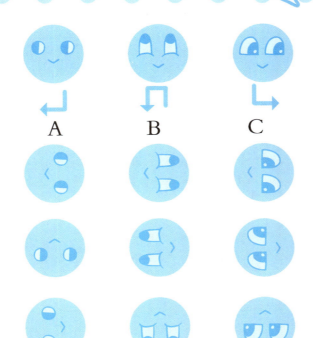

如图，书架上有三本书，根据提示判断出每本书的位置。《汽车驾驶》在《趣味游戏》的左边；《儿童世界》在《汽车驾驶》的右边；《趣味游戏》在这排书的末尾。

1   2   3

第81题

你能完成这个多米诺连环谜题吗？将页面下方的每个多米诺牌填入上图的阴影位置，使相邻的多米诺牌在连接位置上有一样的点数。

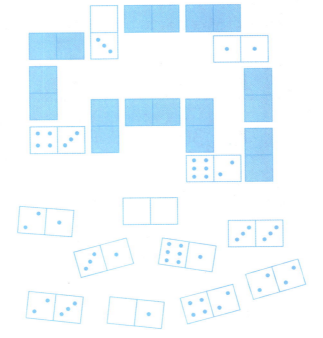

如例图所示，计算出其余各行的时间。

例：08：05－07：55＝00：10 07：35＋06：40＝14：15

10：35 － 04：15 ＝

13：30 ＋ 02：00 ＝

14：55 － 10：30 ＝

10：30 ＋ 05：35 ＝

17：20 ＋ 00：40 ＝

第83题

移走下图中的两根火柴，其余的火柴保持不变，使下面的图形变为两个正方形。

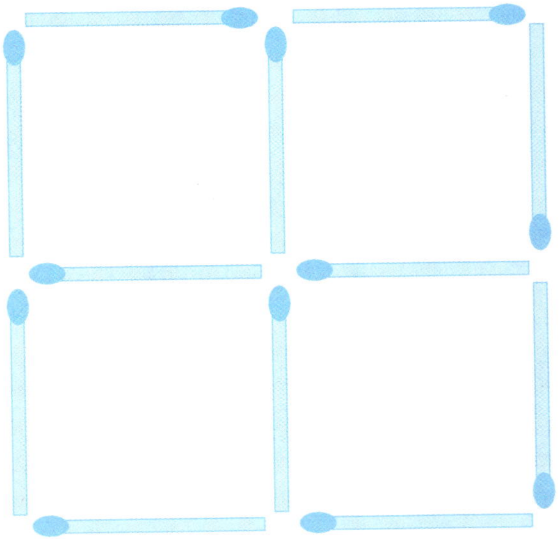

根据下面的线索，你能说出每个同学分别坐在几号桌子旁吗？小明和微微坐在不同排的不同列。小东坐在离老师更远的那一排，3 号或 4 号的位置。小明坐在丽丽的左边，他们两个在同一排。

老师

疯狂数学

下面这两幅图，你能判断出哪一幅是夏天，哪一幅是冬天吗？

潜能激发 小学生 脑力大挑战

第86题

你能从下图中找出多少个矩形呢？

第87题

下图是一个 4×4 的方格，如果要从甲地走到乙地，要求每个方格都要走到，并且不能重复，也不能斜走，怎么才能做到呢？

		乙	
甲			

如图所示，硬币 B 固定不动，硬币 A 的边缘紧贴 B 并围绕着 B 旋转。当 A 围绕着 B 旋转一周回到原来的位置时，它围绕着自己的中心旋转了几个 360°？

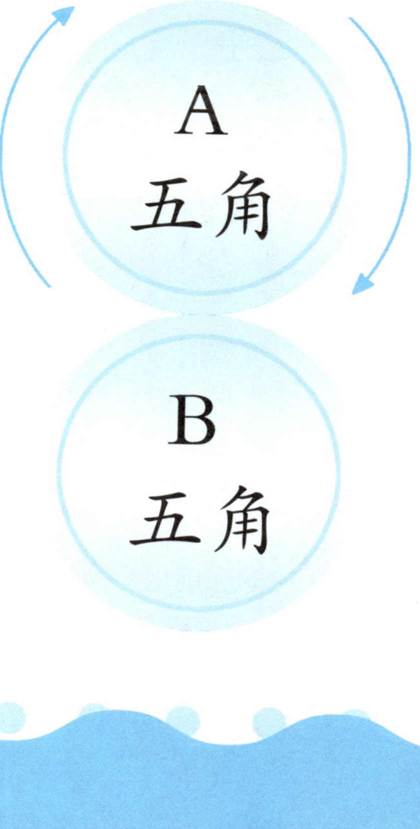

A
五角

B
五角

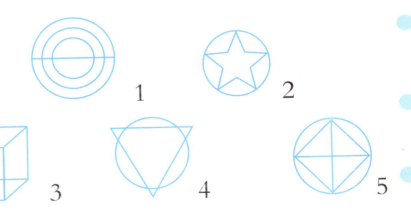

第89题

下面这6幅图有一些是可以一笔画出来的，有一些是不能一笔画出来的。请你判断哪些图能一笔画出来，哪些图不能一笔画出来。要求不能重复已画的路线。

1

2

3

4

5

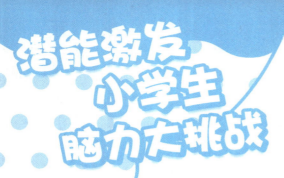
仔细观察下面各图，找出黑白棋子分布的规律，判断一下"？"处对应的图案应该是哪个。

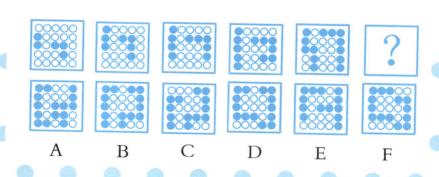

A   B   C   D   E   F

疯狂数学

你能将这幅图形分成大小、外形完
全相同的两个小图形吗?

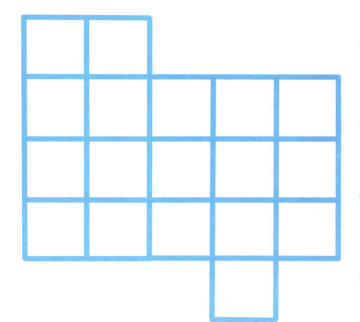

潜能激发小学生脑力大挑战

第92题

请你在下图中增加 3 根火柴，使结果仍为 100。

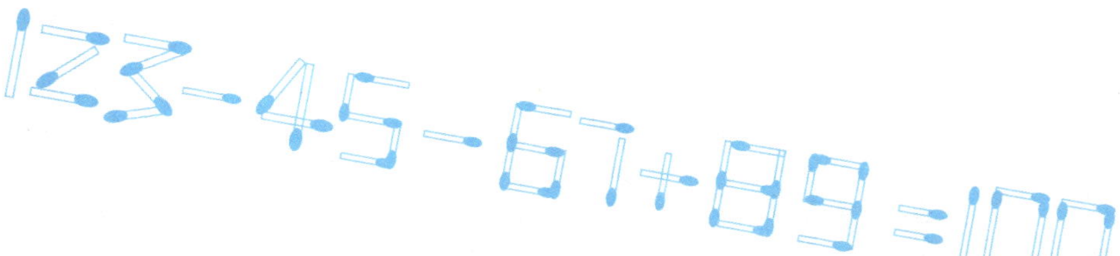
123-45-67+89=100

疯狂数学

请你找出第一排中的时间排列规律，并从 A、B、C、D 四个钟面中挑出一个时间用于填补第一排最后一个空白钟面。

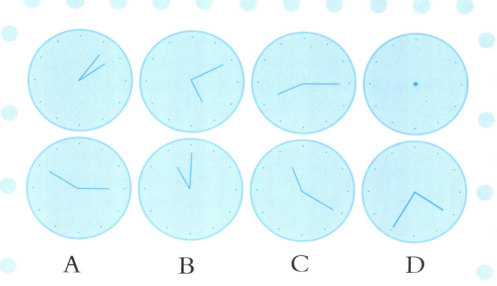

A   B   C   D

下图是由火柴组成的一个等式，如何添加一根火柴，使等式成立呢？

$$3\times557+12=1983$$

第95题

把下面 6 块图形剪下来拼出 4 个人物头像，你能做到吗？

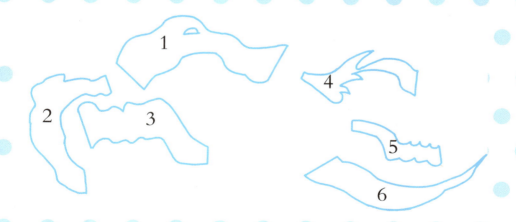

1

2

3

4

5

6

正确组合可以将以下碎片组成一个正方形，但是其中有一块是不需要的，你能找出是哪一块吗？

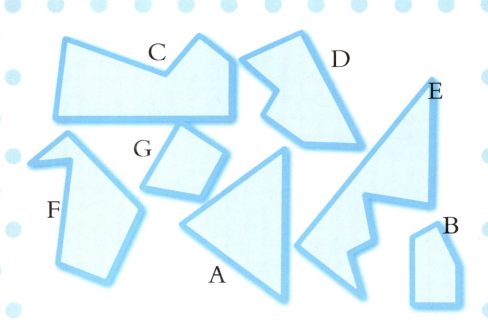

第97题

试一下你最快能用多长时间解开这个数字连环谜题，从最左边的数字开始，依次完成每个格子上的运算，最终的结果应该是多少呢？

| 19 | +18 | −19 | ÷ 3 | +17 | −18 | ? |

参考答案

第 1 题

I，按照字母表中的顺序，每一行的字母都是连续的，先左，后右，再到中间。

第 2 题

6，数字代表在字母表中两角的字母之间间隔的字母数。

第 3 题

6，将车轮中每个部分的数字按照顺时针的顺序排序，用第一个数字减去第二个数字，可以得到中间那个数字。

第 4 题

H。

第 5 题

14	4	12	
	7	10	13
3	19	8	

第 6 题

18。

第 7 题

7。

第 8 题

5。

第 9 题

20。

第 10 题

1，将每一行的数字相加，结果都为 9。

第 11 题

1，数字只被一个图形环绕。

第 12 题

一个锤子。

第 13 题

2。

第 14 题

3。

第 15 题

7，将每个三角形三个角上的数字相加，再乘以 2，可以得到中间那个数字。

第 16 题

11，将图形边上的四个数字相加，得出的数值就是斜对面图形中间的哪个数字。

第 17 题

23−12−8+6=9。

第 18 题

A，每个正方形中都是直边，只有 A 是圆。

第 19 题

1。

第 20 题

39，月亮 =9，风扇 =6，尖刺 =3，骨头 =24。

第 21 题

35。

第 22 题

14，其他数字都可以被 3 整除。

第 23 题

B。其他三个圆中的直线都是奇数。

第 24 题

8。

第 25 题

12。

第 26 题

3，每组数字中的相加等于 10。

第 27 题

A，用字母在字母表中的顺序值代替。你会发现，每一列中，最上面的那个数值减去中间的数值等于最下面的数值。所以，"？"处对应的字母为 A。

第 28 题

12，图形中左侧的 1+2+3 与 4+6+8+3 相差 15，右侧的 3−6+9 与 3+8+14+8 相差 15，所以 1+4+7 与 2+6+？ +7 也应相差 15，7+8+9 与 6+14+？ +7 也相差 15。

第 29 题

O，从最上面顺时针向下数，每次间隔一个字母。

第 30 题

55，最后两个数字相加。

第 31 题

24，从顶部开始顺时针移动，每个数字加 3。

第 32 题

E。

第 33 题

5，每组方框中的数字相加之和为 9。

第 34 题

3，每个部分都包括 1、2、3。

第 35 题

21，将三角形内三个角上的数字相加，得出的数字就是下一个三角形中间的数。将 D 三角形三个角上的数相加，其结果就是 A 三角形中间的数。

第 36 题

I，每一个数字都对应着字母在字母表中的顺序值。第 9 个字母是 I。

第 37 题

6，A、B、C 列的数字相加之后为 D 列的数字。

第 38 题

8，每个部分中，外环两个数字相加之和等于内环的数字。

第 39 题

U，按照字母表中的顺序，每一行的字母都是连续的，先左，后右，再到中间。

第 40 题

8，从 H 开始，顺时针方向移动，按照字母表中的顺序值，第一个字母表示的顺序值减去第二个字母表示的顺序值，之差就是下个角上的数字。

第 41 题

27，第一个圆圈中的每个数字的平方，是第二圆圈中相同位置的数字；第一个圆圈中的每一个数字立方，是第三个圆圈中相同位置的数字。

第 42 题

8。

第 43 题

14。

第 44 题
上面的"？"处填"+"和"–"，
下面的"？"处填两个"–"。

第 45 题

| 12 | 2 | 22 | 11 | 14 | 7 |

第 46 题

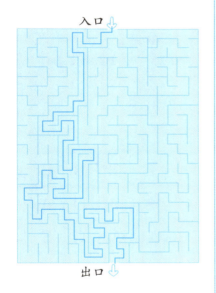

入口

出口

第 47 题
28。

第 48 题

8	5	6	2	7	3	1	4
3	4	7	1	5	2	6	8
7	8	3	6	1	4	2	5
2	1	4	5	8	7	3	6
5	2	8	4	6	1	7	3
6	7	1	3	4	5	8	2
4	6	2	7	3	8	5	1
1	3	5	8	2	6	4	7

第 49 题
T，在字母表中，从 B 开始，
每隔两个字母出现一个字母。

第 50 题
31=14+17
33=15+18
47=14+15+18
60=11+14+17+18

第 51 题

A	E	D	B	C	F
B	C	F	A	E	D
F	A	E	D	B	C
D	B	C	F	A	E
C	F	A	E	D	B
E	D	B	C	F	A

第 52 题

×2，+2。

第 53 题

3，后面的数为前一个数的二分之一。

第 54 题

20=8+6+6

25=8+11+6

33=16+11+6

第 55 题

2	×	2	×		0
×	3		3	3	1
3	×	4	×	×	1
2	×	×		3	
	4	×	3	×	1
×		1		1	1

第 56 题

正方形最重，三角形最轻。

第 57 题

26 个立方体。底层有 17 个，中间层有 7 个，顶层有 2 个。

第 58 题

图形 4 比较特殊。它是五边形，其余的都是六边形。

第 59 题

1\13。52 张扑克牌中有 4 张 A，那么概率就是 4\52，即 1\13。

第 60 题

中间方框内为 ×2 −1，上面"？"处应为 17。

第 61 题

2 对：B2−D3，C2−B4。

第 62 题

A	E	C	B	F	D
C	F	B	D	A	E
B	D	A	C	E	F
F	C	E	A	D	B
E	A	D	F	B	C
D	B	F	E	C	A

第 63 题
这是一个电话。如图：

第 64 题

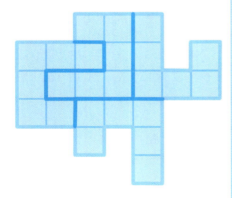

第 65 题
40=8+11+21
50=8+11+31
70=12+21+37
120=8+11+12+21+31+37

第 66 题
答对 5 个为良好，7 个为优秀，11 个为出众。

第 67 题

1	2	3	4	5	6
5	6	3	4	2	1
2	1	5	6	3	4
3	4	6	5	1	2
4	5	2	1	6	3
6	3	1	2	4	5

第 68 题
1、2、3。

第 69 题

第 70 题
N，单词 ninth 的首字母。它们是比赛名次对应英语的序数词的首字母，第一名（First）、第二名（Second）……

103

第 71 题
正方形重 3kg，圆形重 6kg。

第 72 题
27 个长方形和正方形。不要忘记重叠的部分。

第 73 题
P。

第 74 题
答对 5 个为良好，7 个为优秀，9 个为出众。

第 75 题

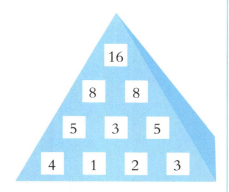

第 76 题

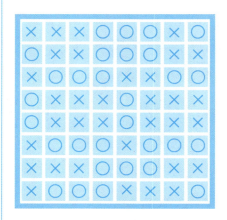

第 77 题
A：9+3，然后 ×6，然后 –4。
B：3×5，然后 +3，然后 ÷6；或者 3×3，然后 +6，然后 ÷5。

第 78 题
六边形。

第 79 题
A1、B3、C2。

第 80 题
1.《汽车驾驶》
2.《儿童世界》
3.《趣味游戏》

第 81 题

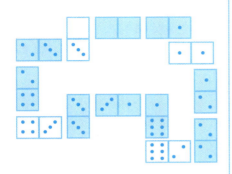

第 82 题

10:35−04:15=06:20

13:30+02:00=15:30

14:55−10:30=04:25

10:30+05:35=16:05

17:20+00:40=18:00

第 83 题

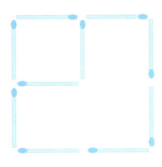

第 84 题

1 号小明, 2 号丽丽, 3 号小东,
4 号微微。

第 85 题

左图是夏天。因为夏天 11 点
钟时太阳处于屋顶上方, 照射进
屋里的光线面积小。右图是冬天。

第 86 题

23 个。

第 87 题

走法不是一定的, 只要符合
题目要求即可, 下图是给出的一
种走法:

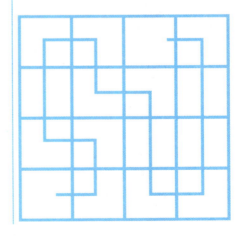

第88题

由于两枚硬币的圆周是一样的，因此，你可能认为硬币A在紧贴硬币B"公转"一周的整个过程中，仅围绕自己的中心"自转"一周，即一个360°，但当你实际操作一遍时，你就会惊奇地发现，硬币A实际上"自转"了两周，即两个360°。

第89题

图1、2可以一笔画出来，图3、4、5不能一笔画出来。

第90题

A。

第91题

能。如图：

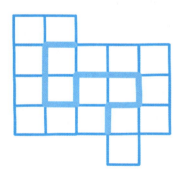

第92题

如图：

123-4-5-6-7+8-9=100

第93题

C。

第94题

如图：

3×657+12=1983

第95题

能。如图：

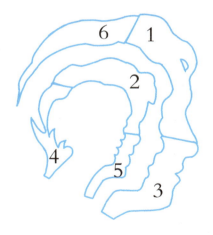

第96题

能，G。

第97题

5。